AF266405

Paris, le 13 février 1838.

Monsieur,

Nous avons l'honneur de vous adresser le procès-verbal de la réunion des colons et les résolutions qui ont été prises dans l'assemblée générale du 9 de ce mois.

Nous avons pensé que cette communication vous expliquerait mieux que nous ne pourrions le faire nous-même dans quel esprit et dans quel but s'est constituée la réunion des colons. Elle démontre suffisamment que la réunion n'a pas la prétention de s'arroger des attributions qui ne sauraient lui appartenir, de décider des questions politiques, commerciales ou autres. Il ne s'agit pas non plus d'entraver la marche des autorités chargées de la défense de nos intérêts, encore bien moins de faire de l'hostilité ou de l'opposition contre aucune d'elles; ce qui ne saurait entrer dans l'esprit d'aucun de ses membres.

Il s'agit d'une simple mesure d'ensemble et de bon accord, de créer un centre commun d'action et de direction qui puisse donner plus d'unité et plus de force à nos démarches individuelles. Elle ne présente aucun danger, et elle peut être de quelqu'utilité dans les circonstances impérieuses qui menacent l'avenir des colonies.

En conséquence, Monsieur, nous comptons sur votre concours et nous vous prions, si déjà vous ne l'avez fait, de signer les résolutions qui ont été adoptées, ou de nous adresser votre adhésion par lettre.

Les membres du bureau central présents à l'assemblée générale du 9 février,

DELONCHAMP, CLAVEAU, O. LEMARCHAND, BOUVET, SÉNÉZ
et A. FOIGNET, Président.

Adresser les réponses chez M. A. FOIGNET, rue Neuve-Saint-Augustin, n° 41. On peut venir signer tous les jours de midi à deux heures.

Incessamment, convocation pour une assemblée générale.

RÉUNION

DES COLONS.

Ce jour, vendredi neuf février mil huit cent trente-huit, l
Colons de la Gouadeloupe, de la Martinique, de Bourbon
de Cayenne se sont réunis en assemblée générale dans un d
salons du Cercle des Deux-Mondes, rue de Richelieu, n° 10

La convocation était pour deux heures précises, la séance n'a commer
qu'après trois heures.

M. **A. FOIGNET** *s'est exprimé en ces termes :*

MESSIEURS,

La lettre que nous avons eu l'honneur de vous adresser, vous a f
pressentir l'objet de notre convocation, qui est de former, à Paris, u
réunion de colons, à l'instar du comité qui existe à Bordeaux, mais s
des bases moins vagues, plus positives.

Nous n'avons pas la prétention de prendre l'attitude d'un corps co
titué et délibérant, de nous arroger des attributions qui ne sauraient no
appartenir, de décider des questions politiques, commerciales, ni aucu
autre. Il ne s'agit pas non plus d'entraver la marche des autorités charg
de la défense de nos intérêts, encore bien moins de faire de l'hostilité
de l'opposition contre aucune d'elles.

Il s'agit tout simplement d'une mesure d'ensemble et de bon accor
de créer un centre commun d'action, de direction qui puisse donner p
d'unité, et par conséquent plus de force à nos démarches individuell
Ainsi, lorsqu'un projet sera conçu, une réclamation faite, une décisi
prise par le conseil des délégués ou par les conseils coloniaux, la missi
de la réunion sera d'en porter la connaissance à tous ses membres, a
qu'ils ne restent pas étrangers à ce qui les intéresse, d'en faciliter la ré

site par un espèce de mot d'ordre qui leur sera donné, et qui les mettra à même d'agir, *en même temps et dans un même sens*, auprès de toutes les personnes influentes avec lesquelles ils seront en rapport; de telle sorte qu'il n'y ait jamais divergence, désaccord dans notre langage comme dans nos démarches, désaccord qui a été quelquefois remarqué par ceux qui nous défendent, et dont savent profiter ceux qui nous attaquent.

On conçoit déjà que près de cent colons qui sont à Paris, ayant des relations plus ou moins élevées, plus ou moins étendues, agissant chaque jour dans un même sens et dans un même but, devront exercer une certaine influence.

La mission de la réunion sera encore de recueillir en France ou des colonies, les documens sur nos intérêts généraux, de nous mettre en rapport, *officieusement*, avec le comité de Bordeaux, les chambres de commerce des colonies, avec le conseil des délégués dont on devra suivre les inspirations : de manifester les vœux des colons absents, résidant à Paris, auprès des conseils coloniaux ou de toute autorité, par correspondance ou simples pétitions. Nous disons simples pétitions, afin qu'il soit bien entendu que nous n'avons pas de délibérations à prendre, d'opinions à imposer, mais seulement des avis et des vœux à émettre. Il peut arriver telle circonstance où une réclamation du commerce de France, favorable aux colonies, aurait besoin d'être appuyée, ou une proposition dangereuse pour notre industrie ou nos propriétés, devrait être combattue : avec un centre de réunion, nous pouvons du jour au lendemain signer une pétition; par une lettre, obtenir le concours de nos compatriotes résidant à Bordeaux. En l'absence de ce centre commun, on obtiendrait difficilement nos signatures, et lorsqu'elles seraient rassemblées, il ne serait peut-être plus temps d'agir.

La mission de la réunion sera enfin de suivre en France les progrès de l'industrie et de l'agriculture; d'examiner, à l'aide de nos connaissances locales, si les nouvelles découvertes, les nouvelles expériences peuvent être appliquées à notre industrie et à notre agriculture coloniales.

Sur de telles bases, messieurs, nous croyons que ce projet ne rencontrera pas d'opposition parmi nous, parce qu'il ne présente aucun danger et qu'il peut être de quelqu'utilité.

Quant au mode d'exécution, voici ce qu'on a pensé :

Les réunions générales offrent de grands avantages ; les questions y
mieux discutées ; on s'éclaire mutuellement ; cependant : si elles deva
être fréquentes, elles auraient aussi des inconvéniens.

Les colons qui viennent en France, y sont attirés, les uns pour le r
blissement de leur santé, les autres temporairement pour régler des inte
majeurs : ceux qui y sont fixés ont leurs occupations journalières ; en
nous pouvons le dire, en famille, nous avons plus ou moins d'insouci
quand il faut nous occuper d'intérêts généraux. Il serait donc difficil
distraire souvent les colons de leurs occupations, de leurs habitules j
nalières. On a pensé qu'il conviendrait d'établir, comme il existe à
deaux, un bureau central, composé du nombre de membres que
fixerez, choisis par vous, et qui serait chargé de recueillir les docun
des travaux préparatoires et de la correspondance. S'agira-t-il de se me
en rapport avec une autorité, de réclamer un document ou de le four
le bureau central agira seul. Faudra-t-il donner un avis, manifeste
vœu sur un intérêt spécial ou général ? on aura recours à une réunion
ticulière des colons de la Martinique, Guadeloupe ou Bourbon, s'il s
d'un intérêt spécial ; ou à une assemblée générale ; s'il s'agit d'un int
commun ; mais alors le bureau central vous présentera un travail prép
il ne faudra plus que le discuter, le modifier, l'approuver ou le reje
Les réunions générales seront peu fréquentes, elles auront toujours un
jet indiqué d'avance et un résultat utile.

Un autre avantage de ce mode sera d'éviter une augmentation de fra
location et toutes les dépenses qui s'y rattachent. Cette considération
que secondaire, mais elle a dû vous être signalée. Dans tous les cas
dépenses de votre bureau central devront se restreindre aux simples
de ports de lettres, écritures et correspondances : toute autre dép
extraordinaire devra être autorisée en assemblée générale.

Le projet que nous vous soumettons, Messieurs, a été examiné
une première réunion par les colons de la Guadeloupe ; mais ils se
bornés à des mesures provisoires ; la nomination d'un bureau de
membres, qui a été chargé d'inviter messieurs les délégués et messi

les colons de toutes nos possessions , résidant à Paris , à une assemblée générale.

Messieurs les délégués colons , ont été invités à assister à la réunion de ce jour. Ce n'est pas que nous ayons conçu l'espoir de les voir, à titre de délégués, devenir membre de votre réunion ; elle n'a pas de caractère officiel ; elle n'a aucune attribution ; la délégation au contraire a *mission et mandat.* On conçoit dès lors que les délégués doivent conserver leur position *supérieure, légale, responsable et indépendante.* Notre démarche a été faite principalement pour témoigner de nos bonnes intentions , pour écarter toute idée , pour détruire tout soupçon d'une hostilité , d'une opposition qui ne sauraient entrer dans l'esprit d'aucun des membres de la réunion. Nous comprenons tous combien nous est applicable ce viel adage : l'union fait la force , ajoutons : et surtout la force des faibles.

Quant à l'appel de tous les colons , cette démarche n'a pas besoin d'être justifiée ; en effet, nous avons tous les mêmes intérêts, il y avait donc, comme nous l'avons dit, tout à la fois convenance et nécessité à ce qu'il ne fût pris aucunes déterminations avant que tous les intéressés n'aient été mis à même d'y concourir et de les approuver.

C'est cette approbation , Messieurs, que vous êtes appelés à manifester; si nous l'obtenons , nous aurons l'honneur de vous soumettre quelques résolutions.

Aucune opposition ne s'étant manifestée sur l'ensemble du projet de la formation d'une réunion de colons , il a été donné lecture des résolutions à prendre pour sa formation , lesquelles sont jointes au présent procès-verbal.

Le premier paragraphe a été adopté sans opposition.

Sur le second paragraphe , un membre a fait observer qu'il ne voyait figurer dans la réunion aucun des membres du conseil des délégués ; que dans l'exposé qui a été fait à l'assemblée, il a bien été question de lettres d'invitation qui auraient été adressées à Messieurs les délégués. mais que si l'objet de la convocation ne leur a pas été expliqué, ils n'ont peut-être

pas pu manifester leur opinion sur la réunion que l'on veut fonder à Par
qu'il serait à désirer qu'ils fussent de nouveau convoqués, pour savoir s
approuvent ce projet ou s'ils s'y opposent. Que leur absence semble ê
une protestation ; qu'il serait à craindre qu'une espèce de rivalité, d'h
tilité, vint à surgir entre le conseil des délégués et la réunion des colo
Le même membre a ajouté qu'il ne faisait pas cette observation à ti
d'opposition, qu'il n'avait pas, à cet égard, de conviction formée, qu'il
bornait à la soumettre à l'assemblée.

Plusieurs membres ont successivement répondu à cette observatio
L'un d'eux a dit que les termes dans lesquels les résolutions présentée
l'assemblée ont été rédigées, ne permettent pas de supposer l'intenti
ni la possibilité d'une hostilité ou d'une opposition contre le conseil d
délégués ; que ceux-ci en auront connaissance et pourront y adhérer, s
croient devoir le faire, soit comme délégués, soit comme colons.

Un autre membre a ajouté que l'absence des délégués ne saurait ê
considérée comme une opposition; que quelques-uns d'entr'eux avaient
occasion de s'expliquer sur la formation d'une réunion de colons, et l
vaient approuvée, en observant toutefois que leur caractère officiel ne le
permettrait pas d'en être membres; que la lettre écrite par M. le Bⁿ de Co
aux membres du bureau provisoire, en réponse à l'invitation qu'ils l
avaient adressée, ne dit pas autre chose ; qu'elle n'a le caractère ni d'u
protestation, ni d'une opposition.

Un autre membre a dit : Qu'il n'y avait pas lieu à obtenir une appr
bation du conseil des délégués, car un refus de leur part ne serait pas u
obstacle à la formation de la réunion projetée, si les colons la croient ut
à leurs intérêts ; que l'invitation adressée aux délégués-colons était u
démarche de convenance qui avait dû être faite, comme il y aura de mê
convenance à leur donner connaissance des résolutions qui seront prise
qu'une nouvelle convocation serait inutile, sans résultat, et qu'il y av
lieu de passer outre à l'examen desdites résolutions.

L'assemblée consultée a décidé qu'il serait passé outre à l'examen d
paragraphes en discussion.

Les paragraphes 2, 3, 4 et 5 ont été successivement mis aux voix
adoptés sans modifications.

La discussion s'est ouverte sur le paragraphe 6 , relatif au nombre de membres qui devront composer le bureau central , le mode de nomination de ces membres et celle du président.

Le nombre a été fixé à neuf , y compris un président , un vice-président et un secrétaire.

Sur le mode de nomination, un membre a fait observer que chaque colonie avait un intérêt égal, quelque fût le nombre de ses habitants à Paris ; qu'aucune supériorité , aucune majorité ne saurait être donnée , par le nombre , à telle ou telle colonie ; qu'il pourrait se présenter des intérêts différents qui se trouveraient compromis si l'on n'admettait pas en principe que le bureau central dût se composer de deux membres , par chaque colonie , plus le président.

Un membre a répondu : Qu'il serait disposé à admettre en principe que chaque colonie sera également représentée dans la formation du bureau central , mais qu'il entrevoyait , quant à la séance d'aujourd'hui , de tels obstacles d'exécution , qu'il pensait qu'on devrait se borner à consacrer le principe , et à en renvoyer l'application à la seconde formation du bureau central ; celui nommé dans cette assemblée cesserait ses fonctions dans un ou deux mois ; que l'on ne pouvait se dissimuler qu'il y avait urgence pour les colons , à organiser leur réunion et le bureau central ; que si l'on voulait aujourd'hui même l'application du principe , il y aurait des difficultés insurmontables ; que , par exemple , Cayenne , qui n'a qu'un colon présent à Paris , ne pourrait nommer deux membres pour le bureau , que les colons de la Martinique , présents , voudraient peut-être se consulter avec leurs autres compatriotes pour le choix de deux membres du bureau.

Un autre membre a dit : Qu'il ne fallait pas trop se préoccuper d'une prétendue dissidence d'intérêt entre les quatre colonies ; que les vœux à émettre par les colons , à Paris , n'auraient pour objets que des intérêts généraux sur lesquels il y aura toujours accord et unanimité. Que même , en admettant des intérêts distincts pour chaque colonie , ils seraient alors représentés par des réunions particelles de colons de telle ou telle possession. Dans ce cas , on n'aurait pas à redouter une majorité de nombre , les réunions générales ne devant avoir lieu que pour des intérêts généraux et identiques.

Que toutefois il **y** avait lieu de s'expliquer sur le principe invoq
comme sur son application immédiate, ou lors du premier renouvellem
du bureau central.

La discussion close, les voix ont été recueillies, et l'assemblée, à
forte majorité, a décidé que le bureau central, en outre du président,
composé de deux colons de la Martinique, deux de la Guadeloupe,
de l'île Bourbon, et deux de Cayenne, sauf, en cas d'impossibilité
cette dernière colonie, à choisir parmi les autres colons.

L'assemblée, de nouveau consultée, décide que l'application du prin
n'étant pas impossible, il recevra son exécution dans la formation du
reau central, à laquelle elle va immédiatement procéder.

Un membre demande : Que les neuf colons composant le bureau so
nommés sans indication du président, lequel sera choisi dans le sei
bureau central.

Un autre membre répond : Que le président doit être investi de la
fiance de toute l'assemblée, et que sa nomination doit avoir lieu pa
vote général et spécial.

L'assemblée décide à la presque unanimité que la nomination du
sident sera faite par vote général et spécial. Elle décide qu'elle va proc
sans désemparer à la nomination du président et des membres du bu
central, par bulletins secrets, sur lesquels chaque membre devra m
le nom d'un président et deux noms pris parmi les personnes de sa col

On procède à la confection des bulletins. Ce préalable rempli, MM.
pont, Malenfant et Claveau sont priés de faire le dépouillement des v

Pour l'île Bourbon, MM. Bouvet et Hibon ayant obtenu le même no
de voix, les colons de cette possession sont priés de procéder à un nou
vote de ballotage entre les deux candidats, ce qui a lieu immédiateme

Le dépouillement général des bulletins étant terminé, le résultat e
donné à l'assemblée par M. Dupont.

Président du bureau central : M. A. Foignet; Guadeloupe : MM.
lonchamp, Claveau fils; Martinique : MM. de Perinelle et de Mau
Bourbon : MM. Lemarchand et Bouvet; Cayenne : M. Sénèz.

Les membres présents acceptent les fonctions gratuites qui leur
confiées.

La durée de leurs fonctions est fixée à un an.

M. Foignet recueille tous les bulletins , lesquels sont à l'instant brûlés.

Il continue la lecture des paragraphes 7, 8 et 9 des résolutions, lesquels sont successivement mis aux voix et adoptés sans opposition.

Le président engage les membres présents à signer les résolutions qui viennent d'être adoptées.

Le président est prié d'envoyer une circulaire motivée à tous les colons résidants à Paris, pour les engager à donner leur adhésion.

La séance a été terminée à cinq heures et demie de relevée.

RÉSOLUTIONS ADOPTÉES.

Résolu :

Qu'il est créé et constitué, à Paris, une réunion de colons , dont le but principal sera :

1° De porter à la connaissance de tous ses membres les projets qui seront conçus, les réclamations qui seront faites, les décisions qui seront prises, en France ou dans les colonies, concernant leurs intérêts généraux.

2° De se mettre en rapport *officieusement* avec le comité de Bordeaux, les chambres de commerce des colonies, avec le conseil des délégués , dont on suivra les inspirations; de manifester les vœux des colons absents, résidants à Paris, auprès des conseils coloniaux et de toute autre autorité, par correspondance ou pétitions.

3° De suivre , en France , les progrès de l'agriculture et de l'industrie ; d'examiner , à l'aide de nos connaissances locales, si les nouvelles découvertes, les nouvelles expériences peuvent être appliquées à notre culture et à notre industrie coloniales.

Résolu :

Qu'il est formé un bureau central chargé de recueillir les documents de France ou des colonies , sur nos intérêts généraux; chargé des examens et des travaux préparatoires; enfin, de la correspondance qui sera signée du président, du vice-président, ou de l'un de ses membres en cas d'absence ou d'empêchement.

Que ce bureau central sera composé de neuf membres y compris un pr
sident, un vice-président et un secrétaire ; lesquels membres sont Me
sieurs A. Foignet, président ; pour la Martinique, de Périnelle et de Maun
pour la Guadeloupe, Delonchamp et Claveau ; pour Bourbon, Lemarcha
et Bouvet ; pour Cayenne, Sénèz ; les membres présents ont accepté
charge gratuite qui leur est confiée.

La durée de leurs fonctions a été fixée à un an.

Résolu :

Que si la réunion des colons, bien qu'elle ne forme pas une associatio
avait besoin de l'autorisation du gouvernement, le bureau central
chargé de la réclamer par l'intermédiaire du ministère de la marine,
par toute autre voie.

Résolu :

Que tous les membres s'engagent à faire parvenir au bureau central
renseignemens qu'ils pourront recueillir en France, ou des colonies, s
nos intérêts généraux ; et à se réunir sur les lettres de convocation qui le
seront adressées.

Qu'ils s'obligent à participer aux dépenses du bureau central, lesquel
devront se restreindre aux seuls frais de ports de lettres, écritures et c
respondances, et aux frais de location, si la réunion jugeait à propos
choisir un local pour ses conférences.

Toute autre dépense extraordinaire devra être autorisée par la réunion
assemblée générale.

Suivent les signatures.

Nombre des Signatures et des adhésions, au neuf février 1838. Total,

Certifié, les membres du bureau central présents à l'assemblée génér
du 9 février.

Signé : Delonchamp ; Claveau ; O. Lenormand ; Bouvet ; Séné
A. Foignet, président.

Imprimerie de J.-R. MEVREL, passage du Caire, 54.